MONNAIES ANTIQUES

MONNAIES FRANÇAISES

MONNAIES ÉTRANGÈRES

MÉDAILLES

PROVENANT POUR LA PLUS GRANDE PARTIE DE LA COLLECTION DE

feu M. LE Dr LECLER DE ROUILLAC

COMMISSAIRE-PRISEUR :	EXPERT :
Me Maurice DELESTRE	M. Etienne BOURGEY
5, RUE SAINT-GEORGES, 5	19, RUE DROUOT, 19

PARIS

ADRESSE TÉLÉGR. ÉTIENBOURG-PARIS

MONNAIES ANTIQUES

MONNAIES FRANÇAISES

MONNAIES ÉTRANGÈRES

MÉDAILLES

Provenant pour la plus grande partie de la Collection de
feu M. le Docteur LECLER DE ROUILLAC

VENTE AUX ENCHÈRES PUBLIQUES

A PARIS, HOTEL DES COMMISSAIRES-PRISEURS, RUE DROUOT, 9

SALLE N° 8, AU PREMIER ÉTAGE

Le Vendredi 8 Juin 1906

A DEUX HEURES PRÉCISES

EXPOSITION PUBLIQUE UNE HEURE AVANT LA VENTE

COMMISSAIRE-PRISEUR :	EXPERT :
Me MAURICE DELESTRE	M. ETIENNE BOURGEY
5, rue Saint-Georges	19, rue Drouot

PARIS

Exposition particulière :

Le Jeudi 7 Juin, chez M. Étienne BOURGEY, expert, 19, rue Drouot (Téléphone 274-64).

Exposition publique :

Le Vendredi 8 Juin, Hôtel des ventes, salle 8, une heure avant la vente.

―――――――

La vente aura lieu au comptant.

Les acquéreurs paieront dix pour cent en sus des enchères.

L'authenticité des pièces cataloguées est garantie.

L'exposition mettant les acheteurs à même de juger de l'état des pièces, aucune réclamation ne sera admise aussitôt l'adjudication prononcée.

M. Etienne BOURGEY, 19, rue Drouot, se charge, aux conditions habituelles (5 o/o sur la limite), des commissions qui lui seront confiées.

L'ordre du catalogue sera suivi. L'expert se réserve le droit de diviser ou de réunir les lots.

MONNAIES GRECQUES

1 **Monnaies Grecques.** *Bruttiens.* Tête de la Victoire à dr.
R. **BPETTIΩN.** Guerrier debout. Arg. TB.

2 — 3 pièces variées. *Locriens.* 1 pièce. Ens. 4 p. Br. B et TB.

3 *Gélas.* Bige à dr. R̃. **ΓΕΛΑΣ.** Protome de taureau androcé-
phale à dr. Tétradr. Arg. B.

4 *Syracuse.* 2 pièces variées. *Hiéron Ier.* 1 pièce. *Panorme.*
1 p. carthaginoise. Ens. 4 p. Br. B. et TB.

5 *Lysimaque roi de Thrace.* Tête cornue à dr. R̃. **ΒΑΣΙΛΕΩΣ
ΛΥΣΙΜΑΧΟΥ.** Pallas nicéphore assise à g. Tétradr. Arg.
TB.

6 *Macédoine.* Tête de Diane sur un bouclier. R̃. **ΜΑΚΕΔΟ-
ΝΩΝ ΠΡΩΤΗΣ.** Massue et 3 monogr. dans une couronne.
Tétradr. Arg. B.

7 Alexandre le Grand. Tête de Pallas à dr. R̃. **ΑΛΕΞΑΝΔΡΟΥ.**
Victoire à g. Statère. Or. TB.

8 Philippe III. Tête d'Hercule. R̃. **ΦΙΛΙΠΠΟΥ. ΒΑΣΙΛΕΩΣ.**
Jupiter aetophore assis. Tétradr. fr. en Lycie. Arg. Beau.

9 *Athènes.* Tétradrachme archaïsant. Arg. TB.

10 *Pergame.* 2 cistophores variés. *Ephèse.* Cistophore. Ens. 3 p.
Arg. B. et TB.

11 *Rhodes.* Tête du soleil de face. R̃. Fleur du balaustium et sta-
tuette de Pallas. Didr. Arg. TB.

12 *Carthage.* Tête de Cérès à g. R̃. Cheval debout à dr. Statère
de Panorme. Electrum. TB.

13 **République Romaine** (*). Double denier Campanien (B. p. 21.
n° 23). Deniers, quinaire et Victoriats anonymes. 5 p.
Ens. 6 p.

14 *Acilia* (B. 4, 8) *Aelia* (B. 4). *Afrania* (B. 1). *Antestia* (B. 7,
9). Ens. 6 p.

15 *Antonia* (B. 1, 105, 114, 118, 123, 133, 135, 136, 138). Ens.
9 pièces.

16 *Appuleia* (B. 1). *Atilia* (B. 8). *Aurelia* (B. 1). *Baebia* (B. 12).
Caecilia (B. 21, 44). Ens. 6 p.

---

17 *Cassia* (B. 4, 6, 7). *Cipia* (B. I). *Claudia* (B. 5). *Cloulia* (B. 2). *Coelia* (B. 3). Ens. 7 p.
18 *Considia* (B. 3). *Cordia* (B. 1). *Cornelia* (B. 5o). *Crepusia* (B. 7). *Fabia* (B. 1). *Flaminia* (B. 1). *Fonteia* (B. 1). 7 p.
19 *Furia* (B. 18, 19). *Julia* (B. 4, 5, 10). *Junia* (B. 8, 15). 7 p.
20 *Lucretia* (B, 1). *Maiania* (B. 1). *Marcia* (B. 1). *Memmia* (B. 2). *Minucia* (B. 1, 3, 15, 19). Ens. 8 p.
21 *Naevia* (B. 6). *Norbana* (B. 2). *Pinaria* (B. 1, 2). *Plancia* (B. 1). *Plutia* (B. 1). *Pompeia* (B. 1). Ens. 7 p.
22 *Porcia* (B. 1, 3, 4). *Postumia* (B. 7, 8, 10, 13). Ens. 7 p.
23 *Procilia* (B. 1, 2). *Renia* (B. 1). *Rubria* (B. 1, 4). *Saufeia* (B. 1). *Scribonia* (B. 8). Ens. 7 p.
24 *Sentia* (B. 1). *Sergia* (B. 1). *Servilia* (B. 5, 13). *Sulpicia* (B. 6). *Terentia* (B. 10). Ens. 6 p.
25 *Thoria* (B. 1). *Titia* (B. 1, 2). *Tituria* (B. 6). *Valeria* (B. 7). *Volteia* (B. 1). Ens. 6 p.
26 **Empire Romain** (*). *Livie* (C. 1). *Antonia* (C. 6). *Germanicus* (C. 4). Ens. 3 MB. B. et TB.
27 *Néron.* Temple de Janus fermé avec la porte à dr. (C. 146). GB. TB.
28 — Rome assise à g. (C. 285). GB. Très belle pièce, patine verte.
29 — (C. 132, 288, 338). *Galba.* (C. 3o4). Ens. 4 MB. B.
3o — La Liberté debout à g. (C. 13o) GB. Beau.
31 *Vitellius.* A. VITELLIVS GERMANICVS IMP. AVG. P. M. TR. P. Buste lauré à dr. R. PAX. AVGVSTI S. C. La Paix debout à g. (C. 66). GB. Beau et rare.
32 *Vespasien.* (C. 166, 411, 416). *Titus.* (C. 3go). Ens. 4 MB. B.
33 *Julie fille de Titus.* Vesta assise à g. (C. 18). MB. Rare, B.
34 *Domitien.* (C. 581). GB. (C. 113, 119, 446 var.). MB. Ens. 4 p. B.
35 — (C. 91, coté 15 fr., 131, coté 20 fr.). Ens. 2 MB. B. et TB.
36 *Nerva.* Deux mulets (C. 143). GB. AB.
37 *Trajan.* La Fortune debout (C. 477). GB. Patine verte. B.
38 *Adrien.* (C. 385, 1187). GB. (C. 711). MB. Ens. 3 p. B.
39 *Adrien.* (C. 1044, 1365). *Aelius.* (C. 33). Ens. 3 MB. B.
4o *Antonin.* (C. 645, 718). 2 p. GB. B. et TB.
41 *Antonin et Marc-Aurèle.* (C. 34). GB. Beau.
42 *Faustine mère.* Vesta debout à g. (C. 162). GB. TB.
43 *Marc-Aurèle.* La Santé debout. (C. 862). GB. Beau.
44 *Faustine jeune.* (C. 215). GB. (C. 86, 194, 2o1). MB. Ens. 4 p. B.

(*) Toutes ces pièces sont en bronze.
Les numéros entre parenthèses se rapportent à l'ouvrage de Cohen.
Monnaies de l'Empire romain. 2ᵉ édition.

45 *Lucille.* (C. 2). GB. (C. 55, 86). MB. Ens. 3 p. B.
46 *Commode.* Troisième libéralité (C. 3o5). La Piété assise
   (C. 576). 2 GB. B. et TB.
47 — (C. 84, 9o2). *Crispine.* (C. 23, 38, 37). Ens. 5 MB. B.
48 *Dide Julien.* IMP. CAES. M. DID. SEVER. IVLIAN. AVG. Tête laurée à dr. ℞. P. M. TR. P. COS. S. C. La Fortune debout (C.
   12). GB. Rare. B.
49 *Albin.* (C. 15). GB. (C. 9, 17). MB. Ens. 3 p.
5o *Septime Sévère.* (C. 4i3). GB. Troué. (C. 468, 6o7). MB.
   Ens. 3 p.
51 *Julie Domne.* Junon debout (C.98). GB. Cérès debout (C. 19).
   MB. Ens. 2 p. B.
52 *Caracalla.* (C. 329). GB. (C. 86, 135 var.). MB. Ens. 3 p. AB.
   et B.
53 *Diaduménien.* Le prince entre 3 enseignes (C. 9). MB. Rare
   et beau.
54 *Elagabale.* (C. 251). *Alexandre Sévère.* (C. 379). 2 p. MB.
   Beaux.
55 — Mars marchant à dr. (C. i63). GB. Beau.
56 *Mamée.* (C. 66). *Maximin I*er. (C. 1o9). 2 p. GB. B. et TB.
57 *Pauline.* Paon enlevant l'impératrice (C. 3). GB. Rare et B.
58 *Maxime.* Le Prince avec 2 enseignes (C. 14). GB. TB.
59 *Balbin.* L'empereur debout à g. (C. 21). GB. Rare et beau.
6o *Pupien.* La Paix assise (C. 23). GB. Rare. TB.
61 *Philippe père.* (C. 26). *Otacilie.* (C. 1o)). Ens. 2 GB. TB.
62 *Philippe fils.* (C. 18). *Trajan Dèce.* (C. 87). Ens. 2 GB.
   Beaux.
63 — La Félicité deb. à g. (C. 39). BR. Médaillon. B. Rare.
64 *Etruscille.* La Pudeur assise. (C. 22). GB. B.
65 *Hérennius Etruscus.* Mercure debout. (C. 13.). MB. B.
66 *Hostilien.* Apollon assis à g. (C. 31). GB. B.
67 *Mariniane.* Paon de face. (C. 8). MB. Rare. B.
68 — *Salonine.* (C. 87). *Aurélien.* (C. 35). *Sévérine.* (C. 9). *Dio-
   clétien.* (C. 1oi). Ens. 4 MB. AB. B. et TB.

MONNAIES FRANÇAISES

69 **Gauloises.** *Bituriges.* Tête à g. ℞. Oiseau sur un cheval. Statère. Or pâle. AB.
70 Imitation des statères de Philippe de Macédoine. Tête laurée
   à dr. ℞. Bige. Or. AB.
71 — Dégénérescence de ce type. Tête peu visible. Statère. Or.
72 — Autre. Tête accusée. Au ℞., sorte de triquetra sous le
   cheval. Statère. Or. B.

73 — Autre. Droit lisse. R. **ΦΙΛΙΠΠΟΥ** sous un bige. Statère.
— Flan globuleux du poids du statère. Ens. 2 p. Or.

74 Marseille. Tectosages. Leuques, etc. Ens. 28 p. arg., pot. et
cuivre.

75 **Mérovingiens**. Tiers de sol rogné. Or. B.

76 — Imitation du tiers de sou de Justinien. Electrum.

77 *Banassac*. Buste à dr. entre deux palmes. R. GAVALETANO F.
Calice. Au bas BAN. Triens. Or. (Prou XXX, 13). TB.

78 *Lyon*. Buste à g. R. Croix accostée de L.U. (Combr. 28, 10.
Type de Sigebert à Marseille). Triens. Or. TB.

79 *Marseille*. ...VTXS. Buste diadémé à dr. R. LICVVIOATVI.
Croix accostée de MA. Triens. O·. (Type de Sigebert III). B.

80 *Poitiers*. PICTAVOS. Tête à dr. R. GOCOLAICO MN. Croix.
Triens. Or. (Combrouse, pl. 36, 9). TB.

81 *Saint Paulien*. + **VELLAVOᴎ**. Buste à dr. R. + **DAGO·
MAREᴎ M**. Croix accostée de **NA**. Triens. Or.(Prou XXX,
17 var.). B.

82 *Toul*. + TVLLO CIVITA. Buste à dr. R. + DRVCTOALDVS MO.
Croix accostée de TV dans une couronne. Triens. Or.
(Prou, XVI, 6). TB.

83 *Incertaine*. CONDETAI. Buste diadémé à dr. R. Sans lég.
Croix avec annelet centre au milieu, deux branches recroi-
settées, les deux autres ancrées. Triens. Or. (Prou 2744 en
arg.) B.

84 Saigas. 5 p. *Patrices de Provence*. 8 p. Ens. 13 p. Arg.

85 **Carlovingiens**. *Charlemagne*. Atelier incertain. Melle. Milan.
Deniers. 3 p. Arg. B.

86 *Louis le Débonnaire*. Melle. Venise. Deniers au temple. Ens.
5 p. Arg. B.

87 *Pépin Ier, roi d'Aquitaine*. Obole. *Charles le Chauve*, Blois,
2 p. Bourges. Bruges (ébrèche). Deniers. Ens. 5 p. Arg. B.

88 — Châlon-sur-Saône. + ᴎ CAROLVS IMPER. Croix. R. +
CAVNONIS CIVIS. Monogr. Denier. Arg. B. Rare.

89 — Chartres. Courtisson. Laon. Le Mans, 3 p. Deniers. Ens.
7 p. Arg. B. et TB.

90 — Melle. 6 deniers, 2 oboles. Ens. 8 p. Arg. B.

91 — Orléans. 2 p. Le Palais, 4 deniers, 1 obole. -Ens. 7 p.
Arg. B et TB.

92 — Paris. Rennes. Saint-Denis. Tours. Troyes. Denier au
temple. Ens. 6 p. Arg. B. et TB

93 *Charles le Gros*. Bourges. Nevers, 2 p. *Eudes*. Blois. Limoges,
3 p. Deniers. Ens 7 p. Arg. AB. et B.

94 *Robert*. + MISERICORDIA DH. Monogramme de Robert.
R. + HTVRONES CIVITAS. Croix. Denier de Tours. Arg. Beau
et rare.

95 *Charles IV*. Arras. *Lothaire II*. Bourges, 2 p. *Conrad le Salique*. Lyon, 2 p. Deniers. Ens. 5 p. B.

96 *Canut, roi pirate*. Double croix. ℞. cvnnetti. Arg. TB.

97 **Capétiens**. *Hugues Capet et Hérivée*. Denier. *Robert et Adalbéron*. Denier. Ens. 2 p. Bill.

98 *Philippe Ier*. Dreux. Mâcon, 2 p. Orléans. Senlis. Deniers. Ens. 5 p. Bill. AB.

99 *Louis VI*. Château-Landon. Dreux, 2 p. Langres, 4 p. Montreuil, Deniers. Nevers, obole. Orléans, 16 p. Pontoise, 2 p. Deniers. Ens. 27 p. Bill.

100 *Louis VII*. Deniers. *Philippe II*. Deniers. *Louis VIII*. Deniers. Ens. 32 p. Bill.

101 *Louis IX*. Gros et tournois. *Philippe III*. *Philippe IV*. Gros et divisions. Ens. 40 p. Arg. et bill.

102 *Louis X*. Gros. *Philippe V*. Denier. *Charles IV*. Mailles et doubles. Ens. 9 p. Arg. et bill.

103 *Philippe VI*. Double royal. Or. (H. 11.) B.

104 — Gros tournois, mailles, gros à la queue, à la couronne, double parisis, etc. Ens. 22 p. Arg. et bill.

105 *Jean le Bon*. Ecu d'or. (H. 1). AB.

106 Mouton d'or (H. 3). B.

107 Royal d'or. (H. 8). AB.

108 Franc à cheval. Or. (H. 10). AB.

109 — Même pièce. Or. AB.

110 Gros variés. 18 p. Arg. et bill.

111 *Charles V*. Franc à pied Or. (H. 2).

112 Franc à cheval. Or. (H. 4). B.

113 — Même pièce. Or.

114 Blanc aux fleurs de lis, 3 p. Petit Dauphin. B. Ens. 4 p. Bill.

115 *Charles VI*. Ecu d'or. (H. 1). TB.

116 — Imitation de l'écu d'or. Or.

117 — Gros variés et divisions, 16 p. *Henri V d'Angleterre*. Florette et doubles tournois, 9 p. Ens. 25 p. Arg., bill. et cuivre.

118 *Henri VI*. Salut frappé à Amiens. Or. (H. 2).

119 — Salut, Rouen. Or. (H. 3). Beau.

120 Blancs aux écus, petit tournois, maille. Ens. 6 p. Bill. et cuivre.

121 *Charles VII*. Agnel. Or (H. 1). AB.

122 Ecu à la couronne. Or (H. 2 var.). B.

123 — Demi-écu. Or (H. 7 var.). B.

124 Royal d'or, Orléans (H. 9). Or. TB.

125 Blancs et divisions. 17 p. Arg., bill. et cuivre.

126 *Louis XI*. Ecu au soleil. Limoges. Or (H. 1).

127 Ecu à la couronne. Toulouse. Or (H. 4). Beau.
128 — Autre. Or. TB. fendu.
129 Gros, blancs et divisions. 12 p. Arg. bill. et cuivre.
130 *Charles VIII*. Ecu au soleil. Rouen. Or (H. 2). B.
131 — Autre. Angers. Or. B.
132 — Autre. Tours. Or. B.
133 Ecu au soleil pour la Bretagne. Or (H. 7). TB.
134 Douzains, Carolus et divisions, 15 p. Bill.
135 *Louis XII*. Ecu au soleil. Poitiers. Or (H. 1).
136 — Autre. Paris. Or (H. 1). B.
137 — Autre. Troyes. Or (H. 1 var.). B.
138 — Autre. Bordeaux. Or (H. 1). AB.
139 — Variété avec FRAN : REX. Ecu d'or. AB.
140 Ecu au soleil pour la Bretagne. Or (H. 4). **AB.**
141 Ecu aux porcs-épics. Or (H. 6). B.
142 Ecu aux porcs-épics pour la Bretagne Or (H. 9).
143 Ecu pour la Bretagne. Or (H. 15). AB.
144 Ecu au soleil du Dauphiné. Montélimar. Or. B.
145 Douzains et divisions. 18 p. Arg. billon et cuivre.
146 Aquila, Sestino (H. 78). — Gros, bissone et demi-parpail-
    lole de Milan (H. 92, 94, 95). Ens. 4 p. Arg. et bill. B.
147 *François Ier*. Ecu au soleil. Lyon. Or (H. 2). B.
148 — Autre. Bordeaux. Or (H. 4).
149 — Ecu au soleil. Or (H. 4 var.). Fruste.
150 — Autre. B *dans le champ*. Rouen. Or. B.
151 — Autre. Lyon. Or (H. 4). AB.
152 — La même. Lyon. Or. B.
153 — Ecu au soleil avec RX. Or. Fruste.
154 Ecu à la croisette. Or (H. 12). B.
155 — Autre. Bayonne. Or (H. 12). AB.
156 Ecu du Dauphiné. Or (H. 19). B.
157 — Le même. Or. B.
158 — Le même. Or. AB.
159 — Le même. Or.
160 Variété de l'écu du Dauphiné. Or (H. 20). Beau.
161 — Autre variété. Or (H. 21). AB.
162 — Autre. Or (H. 23). AB.
163 Ecu de Bretagne. Or H. 25). B.
164 Testons (H. 37, 42, 43, 56, 64). Ens. 5 p. Arg.
165 Teston (H. 88). Demi-teston (H. 90). 2 p. Arg. B.
166 Monnaies divisionnaires. 17 p. Bill.
167 *Henri II*. Henri d'or, 1552. Bordeaux (H. 17). AB.
168 Imitation de l'Henri d'or par un faux monnayeur. Cuivre
    doré. — Teston, 1554. Bayonne. Argent (H. 32). Ens. 2 p.

169 Teston au moulin, 1553. Paris. Arg. (H. 40). B.
170 Demi-teston au balancier, 1554. Paris. Arg. (H. 55). B.
171 Demi-teston. Bordeaux (H. 62). — Autre, 1559. Toulouse (H. 66). Ens. 2 p. Arg. B.
172 Testons, 6 p. — Douzains, 4 p. Ens. 10 p. Arg. et bill.
173 *François II.* Teston au nom de Henri II, 1560. Arg. — *François II et Marie Stuart*, 3 p. rares. B. Ensemble 4 p. Arg. et bill.
174 *Charles IX.* Ecu au soleil, 1564. La Rochelle. Or (H. 2). B.
175 Autre de 1570. Or (H. 3 var.). TB.
176 — Autre de 1565. Paris. Or (H. 5 var.). Beau.
177 — Autre de 1562. Paris. Or (H. 6). TB.
178 Testons, demi-testons, double sol et sol. Ens. 9 p. Arg. et bill.
179 *Henri III.* Ecu d'or, 1578. Toulouse (H. 4 var.). AB.
180 — Autre, 1576. Toulouse. Or (H. 6). B.
181 — Autre. 1578. Paris. Or.
182 Teston, 1576. Franc, 1585. Demi-franc, 1586. Ens. 3 p. Arg. Belles.
183 Testons, Francs et demi-francs. Ens. 10 p. Arg.
184 Quarts d'écu. Huitième. Gros de Nesle et divisions. Ens. 13 p. Arg., bill. et cuivre.
185 *Charles X.* Ecu d'or 1591. Paris (H. 1). B.
186 Quarts d'écu. 5 p. Arg. B.
187 *Henri IV.* Quarts d'écu de France, de Navarre et de Navarre-Béarn. 4 p. Arg. B. et TB.
188 Quarts d'écu de France, 5 p. — de Dauphiné, 1 p. Ens. 6 p. Arg. B.
189 Demi-franc. Quarts. Douzain de Navarre. Essai du denier tournois, 1606. Ens. 5 p. Arg. et bill.
190 *Louis XIII.* Ecu au soleil, 1641. Toulouse. Or (H. 6). B.
191 — Autre, 1641. Montpellier. Or. B.
192 Demi-écu, 1635. Amiens. Or (H. 9). B.
193 Quarts d'écu variés. 10 p. Arg. B.
194 Demi-francs, 3 variétés. Arg. B.
195 Louis d'argent de 60 sols, 1642. Paris. Arg. (H. 87). Beau.
196 Louis de 30, 15 et 5 sols, 4 p. Tournois et doubles, 7 p. Ens. 11 p. Arg. et cuivre. B. et TB.
197 *Louis XIV.* Louis, 1694. Lyon. Or (H. 33). B.
198 Quarts d'écu, 4 p. Arg. B. et TB.
199 Ecu blanc, 1648; demis, 1645 et 1653; quart, 1644, 4 p. Arg. B. et TB.
200 Demi-écus, 1652, 1653, 1662, 4 p. Arg. B. et TB.
201 Ecu de Navarre-Béarn, 1657. Arg. B. Rare.
202 — Autre de 1667. Arg. (H. 109). B. Rare.

203 Ecu aux 8 L, 1690. Demi-écu Carambole, 1685. Demi-écu
du Parlement, 1682. Ens. 3 p. Arg. B. et TB.

204 Ecu aux insignes, 1702. Rouen. Arg. (H. 153). Surfrappé. B.

205 Ecu aux 8 L, 1705. Paris (H. 179). — Ecu aux 3 couronnes,
3 p. Ens. 4 p. Arg. B.

206 Liard à la Croix de Malte, 1655. Bill. (H. 205). TB. Rare.

207 *Louis XV*. Louis aux lunettes, 1729. Rennes. Or (H. 16). B.

208 Double louis au bandeau, 1743. Perpignan. Or (H. 18). B.

209 Ecu vertugadin, 1717. Toulouse. Demi-écu, 1716. Paris.
2 p. Arg. TB. mais traces de surfrappe.

210 Ecu de six livres de Navarre, 1718. Arg. H. 34). Beau.

211 Ecu de 9 livres, 1724. Paris (H. 40). Ecu aux lauriers, 1726
(H. 50). Divisions. 3 p. Ens. 5 p. Arg. B. et TB.

212 Ecu au bandeau, 1766. Bayonne. Livre, 1720 (H. 84). Sol et
demi sol. Pondichéry (H. 92, 95, 96, 98). 6 p. Arg. et 3 p.
cuivre. Ens. 9 p. B. et TB.

213 *Louis XVI*. Double-louis, 1786. Limoges. Or (H. 5). B.

214 — Autre, 1788. Bordeaux. Or. B.

215 Louis, 1786. La Rochelle. Or (H. 6). B.

216 Ecus de 6 et 3 livres (H. 11, 13). Ecus constitutionnels
(H. 60, 62). Arg. Ens. 4 p. B. et TB.

217 **République**. Ecu de 6 livres, 1793. Paris. Arg. Beau.

218 — Autre, 1793. Rouen. Arg. TB.

219 Mirabeau. Métal de cloche. Br. (Hennin, pl. 39 405). TB.
mais rayé.

220 Variété. En 10 lignes : PURE MATIÈRE DE CLOCHE FRAPPÉE PAR
MERCIER, MATHIEU, MOUTERDE ET AUTRES ARTISTES RÉUNIS,
A LYON. M. DCC. XCII. Br. (H. pl. 35, 265). FDC. Rare.

221 J. J. Rousseau, monneron. Br. (T. N. pl. 33, 8). FDC.

222 **Consulat et Empire**. 5 francs an XI. Paris. Arg. Extrêm.
Beau.

223 Deux francs, francs, demi-francs et quarts de franc. Arg.
Ens. 9 p. TB.

224 Napoléon Bonaparte. 4e année du Consulat (Millin. pl. 67,
406). Essai d'Andrieu. module de 1 fr. Arg. Extrêm. beau.

225 Napoléon Ier. Essai de la p. de 5 francs, 1815. Br. FDC.

226 *Joseph-Napoléon*, roi de Naples. Pièce de 120 grani, 1806.
Arg. Extrêm. belle.

227 *Joseph-Napoléon*, roi d'Espagne. Pièce de 20 réaux, 1809.
Arg. Superbe.

228 *Joachim Murat*, roi des Deux-Siciles. Pièce de 12 carlins,
1809. Arg. FDC.

229 *Ferdinand VII*. Pièce octogon. de 30 sous de Majorque. Arg.
(Maillet pl. 77, 1). TB.

230 **Charles X**. Pièce de 5 francs, 1825. Paris. Arg. FDC.

231 **Napoléon III.** Essais de bronze à l'effigie de Napoléon Ier, 1851. 3 modules (10, 5 et 2 cent.). TB.

232 **Monnaies féodales.** *Duché de France.* Orléans 4 p. B. *Normandie*, 4 p. Ens. 8 p. Bill.

233 *Bretagne.* Deniers de Rennes, 2 p. Conan II, Geoffroy. Ens. 20 p. Bill.

234 Eudon. + DVX EVDO. Croix. ℞. + BRITANNIE. Rosace (P. A. IX. 17). Bill. B. Rare.

235 Anonyme. Pierre Mauclerc, Jean Ier, Jean II, Arthur II, Jean III, Charles de Blois. Ens. 27 p. Bill.

236 — Gros, florette, double, 4 p. Jean IV. 7 p. Ens. 11 p. Bill.

237 Jean V, 11 p. Bill.

238 François Ier, François II, 7 p. Bill.

239 François II. Le duc galopant à g. ℞. Croix cantonnée d'hermines. Franc à cheval (P. A. XXIII. 15). Or. TB.

240 *Penthièvre, Anjou, Maine, Tours, Blois,* Jeanne de Châtillon, *Châteaudun.* Ens. 13 p. Bill.

241 *Déols, Issoudun, Gien, Sancerre* Ens. 17 p. Bill.

242 *Celles, Boisbelle, Nevers, Souvigny, Montluçon, Clermont, Riom.* Ens. 22 p. Bill. et Cuivre.

243 *Châteldon. Limoges. Turenne. Poitou.* Ens. 33 p. Bill.

244 *La Marche. Angoulême.* Ens. 34 p. Bill.

245 — Hugues, 8 p. *Périgord,* 9. p. Ens. 17 p. Bill.

246 *Aquitaine.* Comtes de Bordeaux et rois d'Angleterre. 23 p. Bill.

247 Edouard III. + EDWARDVS. DEI. GRA. AGL. FRANCIE. REX. Le roi assis de face. ℞. + XPC, etc. Croix tréflée. (P. A. 2835 pl. LXI. 3). Ecu d'or. Très beau. Rare.

248 *Béarn. Navarre. Perpignan. Toulouse.* 24 p. Bill.

249 *Marquisat de Provence. Maguelonne. Anduse. Viviers. Rodez. Albi. Cahors.* 26 p. Bill.

250 *Provence* Jeanne de Naples. IOAN. REG. PRO. FOLC. IHR. ET. SICL. Figure debout. ℞. XPC, etc. Croix (P. A. XC. 11). Franc à pied. Or. TB.

251 Ecu de Jérusalem et d'Anjou. ℞. Saint Jean-Baptiste. (PA. XC. 14). Florin d'or. TB.

252 *Arles.* Etienne de la Garde. Florin. (P.A. XCIII. 5). Or. TB.

253 *Orange.* Raimond IV. Florin. (P. A. XCVIII. 5). Or. TB.

254 *Provence. Avignon. Orange. Valence. Vienne.* 28 p. Arg. et Bill.

255 *Dauphiné.* Humbert II. Florin. (P. A. CVIII. 2). Or. TB.

256 *Dauphiné. Lyon. Dombes. Franche-Comté. Besançon. Cluny. Bourgogne.* 43 p. Arg. Bill. et Cuivre.

257 *Dombes. Gaston.* GASTON. VS.P. DOMBARVM. Buste lauré à dr. ℞. + DOMINVS ADIVTOR ET REDE MEVS 1652. Ecu d'Orléans couronné. Ecu blanc. Arg. Beau et rare.

258 *Auxerre. Sens. Reims. Château-Porcien. Rethel. Bouillon. Amiens. Corbie. Calais. Flandre. Lorraine.* 3o p. Arg. Bill. et Cuivre.

259 *Château-Renaud.* François de Bourbon, prince de Conti et Louise-Marguerite de Lorraine. Florin. (P.A. CXLIV. 17 var.). Or. Beau.

260 *Cugnon.* Jean-Théodoric. IO. THEOD. COM. IN. LEWENSTEIN. WERTH. ROCHEF. 1623. Son buste cuirassé à dr. R'. ET. MON-TAGV. SV. P. IN. CHASPIERRE ET CVGNON ETZ. Armoiries. Ecu. Arg. TB. Rare.

261 *Cambrai.* Pierre IV, d'André.+ PETRVS. DI. GR. COMES. EPISCO-PVS. CAMCORV. Croix fleuronnée. P'. IOHANNES LVCAS MARCVS MATEVS. Cavalier galopant à gauche. Franc à cheval (Robert XIV. 5). Or. Beau et rare.

262 *Maximilien de Berghes.* Ecu à ses armes. R'. Aigle bicéphale. 1569. Ecu. Arg. Beau.

263 — Double aigle sur trois écussons. Saint Maximilien debout. Sans date. (Robert XX. 3). Ecu. Arg. Beau et rare.

264 *Louis de Berlaymont.* Ecu à ses armes. Aigle bicéphale. 1572. Ecu. Arg. TB.

265 *Brabant.* Jeanne et Wenceslas. Imitation du mouton d'or de Jean le Bon, avec IOH. DVX. (De Witte XVIII, 87). Superbe pièce à FDC. Or.

266 Jeanne. Cavalier galopant à g. R'. Croix fleuronnée. Franc à cheval. Or. TB.

267 Philippe le Bon. Cavalier galopant à dr. Dessous, BRAB. R'. Ecu à sept quartiers. Or. TB.

268 *Philippe de Montmorency,* comte de Hornes (1540-1568). Deux écus casqués. R'. Saint Martin à cheval. Sans date. Ecu. Arg. TB.

269 *Flandre.* Louis de Mâle. LVDOVICVS : DEI. GRA : COM'Z : DNS : FLANDRIE. Lion heaumé assis à g. Dessous, FLANDRE. R'. + BENEDICTVS, etc. Croix cantonnée de FLAN. dans une rosace. Lion d'or. Superbe pièce.

270 Philippe le Bon. Lion assis à g. R'. Ecu à sept quartiers. Lion d'or. Beau.

271 Charles le Téméraire. KAROLUS : DEI : GRA : CO : FLAND. Ecu sur une croix. R'. Saint André. Florin d'or. TB.

272 Philippe le Beau. Florin au Saint-Philippe. Or. TB.

273 — Demi-florin au Saint-Philippe. Or. TB.

274 *Metz.* Florin au Saint-Etienne. Or. B.

275 Thaler au buste de saint Etienne. 1638. Arg. TB.

MONNAIES ÉTRANGÈRES

276 **Provinces-Unies**. Ducaton d'essai pour la West-Frise, 1673, fr. à Enkhuysen lors de la campagne de Louis XIV. Superbe pièce. FDC. Rare.

277 *Amsterdam*. Ducaton de nécessité, fr. lors de la campagne de Louis XIV. 1672. (Maillet. sup. III. 5). Arg. B.

278 **Allemagne**. *Bavière*. Maximilien-Joseph. 1770. Thaler. Arg. Beau.

279 *Brunswick-Wolfenbüttel*. Henri-Jules. Thaler au sauvage. 1610. Arg. TB.

280 *BrunswickLunebourg*. Christian-Louis. Thaler au cheval galopant. 1630. Arg. TB.

281 Auguste le Jeune. Tête de mort au pied d'un arbre desséché. ℞. Légende dans le champ. 1666. Thaler pour sa mort, large flan. Arg. TB.

282 *Ville de Francfort*. 2 gulden 1852. Arg. FDC.

283 *Munster*. Frédéric-Christian, évêque. 24 mariengroschen 1693. Arg. TB.

284 *Saxe*. *Ligne Albertine*. Maurice. Son buste armé. 1550. Annabergerthaler. Arg. Beau.

285 Auguste. Son buste armé. 1566. Thaler. Arg. TB.

286 Jean-Georges Ier. Son buste armé. 1629. Thaler. Arg. Extrêm. beau.

287 — Centenaire de la Confession d'Augsbourg. Buste de l'électeur Jean. 1530. ℞. Buste de Jean-Georges Ier. 1630. Thaler. Arg. Beau et rare.

288 *Saxe-Weimar*. Jean-Ernest et ses sept frères. 1610. Thaler. Arg. B.

289 *Wittenberg*. Luther de face. ℞. Vue de la ville. Au bas, écusson. Demi-schauthaler de 1661, large flan. Arg. TB.

290 **Autriche**. Vienne assiégée par les Turcs. 1529. Flan carré. (Maillet CXXI. 10). Arg. B.

291 *Maximilien II*. Buste cuirassé à dr. Thaler de Moravie. 1576. Arg. TB.

292 *Ferdinand*, archiduc. Thaler-boîte du Tyrol. 1654. Arg. Extr. beau.

293 *Léopold Ier*. Buste lauré et cuirassé à dr. Thaler de Bohême. 1688. Arg. FDC.

294 — Double thaler du Tyrol à l'aigle. Sans date. Arg. TB.

295 — Thaler du Tyrol à l'écusson. 1704. Arg. FDC.

296 *Charles VI*. Thaler de Prague. 1736. Arg. FDC.

297 *Olmütz*. Wolfgang de Schrattenbach, évêque. Thaler. 1722. Arg. Extr. beau.

298 *Salzbourg*. Marc-Sittich de Hohenems, archevêque, Thaler.
    1619. Arg. TB

299 Paris de Lodron. Thaler de 1620. Arg. TB.

300 Maximilien-Gandolphe de Kuenbourg. Thaler de 1675.
    Arg. Très beau.

301 **Russie**. *Pierre Ier*. Rouble. Arg. Beau.

302 *Catherine II*. Rouble de 1726. Arg. Beau.

303 *Pierre II*. Rouble de 1728. Arg. B.

304 *Anne*. Rouble de 1731. Arg. TB.

305 *Elisabeth*. Rouble de 1754. Arg. TB.

306 **Papes**. *Clément X*. Buste à dr. Scudo de 1675. **Arg. B.**

307 *Clément XI*. Ses armes. Scudo 1704. Arg. Beau.

308 *Pie VII*. Ecu de 1802. Arg. TB.

309 — Autre de 1815. Arg. B.

310 *Siège vacant*. Armes du Camerlingue Bartolomeo Pacca.
    Demi-scudo. 1823. Arg. Très beau.

311 *Pie VIII*. Son buste à dr. Scudo de 1830. Arg. B.

312 **Malte**. *Emmanuel Pinto*. 1757. Ecu de 30 tari. Arg. Beau.

313 *Emmanuel de Rohan*, 1790. Ecu de 30 tari. Arg. TB.

314 — 15 tari, 1779, 1796. — 6 tari, 1776. — 2 tari, 1779. — taro
    1777. Ens. 5 p. Arg. B.

315 *Ferdinand de Hompesch*. Ecu de 30 tari, 1798. Arg. TB.

316 **Espagne**. *Philippe IV*. 8 réaux. Ségovie, 1636. Arg. TB.

317 *Ferdinand VII*. Siège de Majorque. Ecu de 30 sous, 1821
    (Maillet LXXVIII, 6). Arg. TB.

318 — Iles Baléares. 1823. Ecu de 5 pesetas (M. IX. 1). Arg. B.

319 **Angleterre**. *Elisabeth*. Ange d'or. AB.

320 *Georges III*. Couronne, 1820. Arg. FDC.

321 *Georges IV*. Colonies, quart, huitième et seizième, 1822.
    Ens. 3 p. Arg. B.

322 **Califes**. Dinar or, troué.

323 **Chili**. 2 réaux; réal, demi. Ens. 6 p. Arg. B. et TB.

324 **Havaï**. *Kalakaua Ier*. Dollar, demi, quart et dime, 1883. Ens.
    4 p. Arg. TB. et FDC.

MÉDAILLES

325 *Henri IV*. Paix de Vervins, 1598. Buste à dr. ℞. La Paix
    sacrifiant sur un autel. Br. 40‰. Très belle, rare.

326 *Gustave Adolphe*. Buste de 3/4 à dr. ℞. Le roi, en archange
    terrassant des démons, 1631. Arg. 56‰. TB.

327 *Louis XV*. Paix de Bâle, 1740. Soleil au-dessus du globe
    terrestre. Br. 54‰. TB.

328 *Georges II.* Campagne contre la France et conquête du Canada, 1759. Br. 43 m/m. TB Rare.

329 *Voltaire.* Son buste à dr. R̟. Autel chargé d'attributs scéniques, 1770, Br. 59 m/m. Très jolie médaille.

330 *Newton.* Son buste à dr. Br. 53 m/m. TB.

331 *Louis XVI.* Médaille décernée au sergent Charlet pour sauvetage à la mer près Cadix, 1782. Br. 42 m/m. TB.

332 — Récompense au cavalier Murget pour sauvetage à Tours. 1789. Br. 41 m/m. TB.

333 *Paris.* Le Trésor de la ville sauvé et conservé, 1789. Br. ovale (Hennin, pl. 8, 60). Belière. TB. Rare.

334 *Necker.* Son buste à g. 1789. Br. 41 m/m. TB.

335 *Ere nouvelle.* La Liberté assise à g R̟. ERE FRANÇAISE COMMENCÉE A L'ÉQUINOXE D'AUTOMN. 22 SEPT. 1792. 9 HEURES 18 MIN. 30 s^d DU MATIN A PARIS. Zodiaque. Arg. 42 m/m (Hennin, pl. 36, 374). TB.

336 *François II.* Guerres contre la France. Décoration pour les soldats tyroliens, 1796. Arg. 40 m/m, bélière (Hennin pl. 77, 771). TB.

337 *Jenner.* Médaille allemande pour la vaccine, 1796. Arg. 36 m/m. TB.

338 *Passage du Pô,* de l'Adda et du Mincio. Br. 43 m/m. TB.

339 *William Pitt.* Son buste à g. 1799. Br. 53 m/m. TB.

340 *Sir Abercromby.* 1801. Arrivée des Anglais en Egypte. Cheval. Br. 40 m/m. TB.

341 *Lord Hutchinson.* 1801. L'Egypte délivrée. Mamelouk. Br. 40 m/m. TB.

342 *Napoléon et Joséphine.* Fêtes du Couronnement à l'Hôtel de ville de Paris, An XIII. Arg. 35 m/m. (Millin pl. 32, 89). TB.

343 *Paix de Tilsitt,* 1807. Bustes de Napoléon, Alexandre et Frédéric-Guillaume III. Br. 40 m/m.

344 *Mariage de Napoléon et Marie-Louise,* 1810. Leurs têtes accolées à dr. Arg. 40 m/m (Millin pl. 46. 256). TB.

345 *Alexandre Ier.* Son séjour à Coulommiers, 1814. Br. 40 m/m. TB.

346 — Tête laurée d'Alexandre Ier à dr. par Brenet. R̟. Buste de Pierre le Grand à dr. par Du Vivier. Br. 59 m/m. TB.

347 *Savoie.* Réintég. de Victor-Emmanuel, 1815. Br. 42 m/m. TB.

348 *Médailles allemandes, 1815. 19 mm.* Victoire de Tolentino. Arg. TB.

349 — Combat de Popoli. Arg. TB.

350 — Combat de San Gennaro. Arg. TB.

351 — Reddition de Naples. Arg. TB.

352 — Victoire de Belle-Alliance. Arg. TB.

353 — Reddition de Grenoble. Arg. TB.

354 — Reddition de Lyon. Arg. TB.

355 — Paix de Paris. Arg. TB.

356 *L. J. de Bourbon prince de Condé.* Buste en uniforme à g.
℞. AU NESTOR DE L'ARMÉE FRANÇAISE. 1817, dans une guir-
lande. Arg. TB.
357 Médaille de Palloy. Fer cerclé de cuivre. — Napoléon Ier
porté sur le pavois. Arg. Ens. 2 p.

DIVERS

358 Louis XIV, Louis XV. Jetons divers, 8 p. Arg. B et TB.
359 Lot de jetons, 6 p. Cuivre.
360 Grand lot de jetons, 122 p. Cuivre.
361 Lot de 27 deniers consulaires. Arg.
362 Lot de 34 deniers de haut empire. Arg.
363 Autre lot, 19 deniers romains et 10 pot. d'Alexandrie. Ens.
29 p. Arg. bill. et pot.
364 Lot de 64 pièces GB. La plupart frustes.
365 Lot de MB et PB., pièces grecques et byzantines. Env. 300 p.
Cuivre.
366 Lot de monnaies, 93 p. Arg.
367 Grand lot de monnaies, 600 p. Bill. et Cuivre.
368 **Livres de numismatique.** *E. Babelon.* Monnaies de la République romaine. Paris, 1885-86, 2 vol. gr. in-8°. Br.
369 Souvenirs numismatiques de la Révolution de 1848. Texte
et 60 pl. in-4, cart.
370 Lot de brochures numismatiques.
371 Lot de cartons à médailles dans 8 boîtes en carton.